# NOTICE



## SUR LA VIE ET LES TRAVAUX

# D'ISIDORE GEOFFROY SAINT-HILAIRE

### PAR M. ÉMILE BLANCHARD.

---

Dans la plupart des circonstances, où, près d'un homme d'un haut mérite, a grandi un fils distingué par l'intelligence, on est presque assuré de rencontrer chez le fils des qualités fort différentes de celles du père. Cette remarque générale qui a été faite plus d'une fois, revient naturellement à l'esprit, si l'attention s'arrête sur Isidore Geoffroy Saint-Hilaire, dont on ne saurait apprécier ni les travaux ni les tendances scientifiques, sans remonter aux œuvres et aux idées de son père, Étienne Geoffroy Saint-Hilaire.

Le fils, avec une individualité propre des mieux caractérisées, avec une originalité manifeste à beaucoup d'égards, semble aussi avoir été créé pour mettre·la dernière main à un monument où chaque partie avait besoin de recevoir, ici, un nouveau poli, là, un certain développement pour paraître dans toute sa magnificence. Isidore Geoffroy puisera dans les impressions reçues dès sa première jeunesse, dans son amour filial, dans le sentiment inspiré par l'éclat du nom qu'il porte, la pensée d'une mission à remplir : faire luire à tous les yeux le rôle considérable de son père dans le grand mouvement scientifique du dix-neuvième siècle. Alors, il répandra la clarté sur des conceptions où l'on avait pu trouver quelque obscurité ; il présentera les idées de l'auteur de la *Philosophie anatomique*, sous le jour le plus favorable ; il réunira en un faisceau des aperçus qui, trop disséminés pour frapper le regard, auraient pu tomber dans l'oubli ; il contribuera à faire aimer une voie de recherches qui dès l'abord n'avait pas semblé attrayante à tous les investigateurs.

Pour accomplir avec bonheur une semblable tâche, il fallait nécessairement des aptitudes, des qualités qui ne s'étaient pas manifestées chez le penseur, tellement dominé d'une manière incessante par des vues hardies, par des conceptions originales qu'il lui manque même la volonté de songer à produire ses idées dans l'ordre et dans la forme le plus capables d'assurer leur succès.

Chez Étienne Geoffroy Saint-Hilaire, on voit une imagination ardente, toujours stimulée par le désir

d'arriver à quelque grande généralisation, un enthousiasme soutenu pour la recherche des grandes lois
de la nature et en même temps une véritable ré-
sistance à l'observation patiente et délicate, si néces-
saire au naturaliste, comme une certaine indifférence pour la précision dans l'exposé des faits. Chez
Isidore Geoffroy, on remarque au contraire, la raison calme, presque froide, un talent d'exposition
peu ordinaire, l'habileté à faire ressortir l'importance des faits constatés, le caractère et la valeur
des vues générales; on admire en lui la simplicité,
le bon goût, l'élégance, toujours la clarté, en un
mot, les belles qualités de l'écrivain et du professeur.

La dissemblance est partout entre le fils et le
père. Étienne Geoffroy a une vie qui a ses jours
d'agitation. Jeune homme de vingt ans, lorsque
l'épouvante est dans tous les cœurs, en 1792 et en
1793, il a l'occasion de montrer l'héroïsme de son
âme et d'employer les ressources de son esprit à de
nobles causes. Il sauve du plus grand danger, Daubenton son bienfaiteur, Haüy son maître et plusieurs des professeurs du collége de Navarre, où il
avait reçu d'excellentes leçons. Admirateur des entreprises grandes et audacieuses, il laisse sans
aucune hésitation ses travaux ordinaires, son enseignement au Muséum, pour courir à l'inconnu
à la suite du général Bonaparte. Les événements
dramatiques ne manquent pas à son existence, même

lorsqu'il a atteint l'âge mûr. On se souvient de la protection efficace qu'il donna à l'archevêque de Paris en 1830.

Isidore Geoffroy a le goût de la tranquillité. C'est à peine si parfois il a franchi la frontière de la France dans les instants où il est besoin de donner un repos à l'esprit. Sa vie s'est écoulée de la façon la plus simple et longtemps au sein d'un bonheur paisible.

Isidore Geoffroy Saint-Hilaire naquit à Paris, le 16 décembre 1805, au Muséum d'histoire naturelle, où son père était professeur de zoologie depuis le fameux décret de la Convention qui avait reconstitué le grand établissement consacré aux sciences naturelles. La famille Geoffroy, sans offrir une lignée comme la famille des De Jussieu, s'enorgueillissait cependant à juste titre d'avoir donné au dix-huitième siècle, trois membres à l'Académie des sciences.

Le jeune Isidore ne pouvait manquer d'apprendre les éléments de la zoologie dès sa première enfance. Après avoir fait de bonnes études au collége Henri IV, il fut à l'âge de dix-neuf ans, attaché comme aide-naturaliste au Muséum d'histoire naturelle. Les connaissances qu'il puisa près de son père, les conseils et la direction qu'il en reçut, lui permirent de devenir de bonne heure apte à rendre des services à la science et à l'établissement dont Cuvier et Étienne Geoffroy avaient si prodigieusement accru l'importance depuis un quart de siècle.

Isidore Geoffroy se prépare à ses travaux sur des questions générales de zoologie, par d'excellentes études sur des animaux encore peu connus. Dans une suite de ses mémoires relatifs aux Mammifères et aux Oiseaux, apparaissent les qualités essentielles du vrai naturaliste, l'art difficile de l'observation des détails, la justesse des appréciations, la finesse des aperçus. S'il décrit des espèces nouvelles, il considère leurs affinités au point de vue de la distribution géographique des animaux du même genre ou de la même famille; il s'attache à déterminer les parties du corps qui offrent chez ces êtres les particularités les plus caractéristiques; il discute les opinions de ses devanciers avec une rare sagacité.

En avançant dans ses études, le jeune zoologiste s'efforce davantage de reconnaître la généralité des faits observés et surtout les tendances ordinaires de la nature, avec la préoccupation de découvrir partout un guide dans la voie des recherches.

S'occupe-t-il des Mammifères, il constate entre des espèces congénères dissemblables à l'état adulte, par le système de coloration, que la ressemblance existe dans le jeune âge. C'est une remarque intéressante apportant une nouvelle preuve que les dissemblances entre les êtres se prononcent d'autant plus qu'ils avancent dans leur développement. Ailleurs, il montre un rapport curieux entre la taille et le degré d'affinité des espèces présentant les mêmes caractères génériques. Le premier, il insiste sur ce fait aujourd'hui assez généralement admis, que les Singes de l'ancien continent forment une série graduée d'une manière remarquable; les genres où l'on observe les degrés supérieurs de développement, offrant d'une façon transitoire dans leur premier âge, la plupart des caractères physiques et sous quelques rapports aussi l'état intellectuel que conservent d'une manière permanente, les genres placés au-dessous d'eux dans la série. Par suite de ces observations, on arrive naturellement à une conclusion d'une haute importance; à cette conclusion, que les plus grandes différences qui existent entre les représentants d'une division zoologique très-naturelle, dépendent surtout d'un degré de perfectionnement organique plus ou moins avancé.

Il y a trente-cinq à quarante ans, les naturalistes les plus clairvoyants n'étaient pas encore sous l'empire de l'idée aujourd'hui dominante que la zoologie doit être non-seulement la connaissance des caractères extérieurs et des conditions d'existence des animaux, mais *en même temps* la connaissance, et de leurs organes à toutes les périodes de développement et des fonctions de ces organes. La plupart des naturalistes n'avaient guère senti encore la nécessité de recherches minutieuses, hérissées d'incroyables difficultés, comme moyen de parvenir à donner à la zoologie un nouveau caractère de grandeur et d'utilité. On s'était fort peu préoccupé de l'étude des détails anatomiques, qui depuis a été déjà si profitable à la science pure en multipliant les termes de comparaison; étude qui a permis en plus d'une circonstance, de reconnaître exactement la valeur de groupes autrefois admis d'après un petit nombre de caractères choisis par ce motif simple qu'ils étaient les plus faciles à apercevoir. Aussi trouve-t-on une preuve de la perspicacité d'Isidore Geoffroy Saint-Hilaire, lorsque en l'absence d'observations suffisantes pour écarter tout débat, il montre le peu d'importance des caractères employés pour la distribution des ordres et des familles dans la classe des Oiseaux, et la nécessité de s'élever à d'autres considérations pour arriver à une méthode naturelle.

On voit dès à présent le naturaliste préparé par des recherches variées, par des études sérieuses à s'attaquer à de vastes questions et devenu assez habile pour en coordonner les éléments en embrassant l'ensemble sous l'inspiration d'une vue générale.

Les anomalies de l'organisme ou les *monstruosités*, si longtemps regardées comme des *jeux de la nature*, impossibles à expliquer, avaient tenté l'imagination d'Étienne Geoffroy Saint-Hilaire, impatient de tout expliquer. Quel curieux sujet de recherche, en effet, pour un investigateur et aussi quel sujet de méditation pour un philosophe.

L'illustre professeur du Muséum, dans sa préoccupation constante de démontrer chez tous les êtres une unité de composition fondamentale, avait eu l'idée de chercher de nouvelles preuves à l'appui de sa doctrine dans ce qu'il y a dans la nature de plus *désordonné*, suivant sa propre expression. Bientôt il avait reconnu dans l'organisation des monstres, les règles, les lois générales qui président au développement de tous les êtres. Il avait constaté la cause de la plupart des anomalies dans des arrêts de développement, ce qui avant lui, avait été à peine indiqué par Meckel. Il avait ensuite publié de nombreuses observations particulières. Ces travaux étant épars, on n'en aurait peut-être pas aisément saisi toute l'importance, s'ils n'étaient devenus l'origine d'un ouvrage général.

C'est ici que l'on commence à voir Isidore Geoffroy, agrandissant l'œuvre de son père, exposant ses vues avec une clarté qui dissipe toutes les obscurités et leur imprimant un nouveau cachet d'originalité. La méthode, pour l'esprit net et réfléchi d'Isidore Geoffroy, est partout indispensable au progrès de la science. Les anomalies de l'organisme dont les exemples se montrent plus ou moins fréquemment, sont en nombre fort considérable, et personne n'a songé encore, ni à les grouper suivant leur nature, ni à les désigner d'une façon précise. Isidore Geoffroy aura le grand mérite de combler cette lacune. Il a réuni comme il l'a dit lui-même, « en un corps de

« doctrine, d'immenses et précieux matériaux restés
« trop souvent épars et sans liaison entre eux,
« comme sans profit pour la science. » L'ensemble
des connaissances sur les anomalies est devenue
pour lui cette science qu'il a appelée la *Tératologie*.
Appliquant à la classification des monstres les
principes de la méthode naturelle, c'est-à-dire la
répartition des formes diverses en classes, en ordres, en familles, en genres d'après leur degré de
ressemblance, Isidore Geoffroy s'est constitué en
quelque sorte le créateur d'une branche importante
des sciences naturelles. Son *Histoire des anomalies
de l'organisation* suffirait à rendre son nom impérissable.

L'ouvrage sur la Tératologie entièrement achevé,
Isidore Geoffroy revient à ses études sur les Mammifères, ne cessant de rêver au moyen d'une représen-
tation fidèle, des affinités des êtres. Il y avait longtemps déjà que les naturalistes avaient acquis la
certitude qu'une série continue commençant par
l'homme pour finir à la monade, n'était pas l'expression d'un grand fait comme on s'était plu à
le supposer. On avait bien remarqué aussi dans la
comparaison des groupes zoologiques des modifications analogues, des dégradations du même ordre
entre les espèces. Isidore Geoffroy s'attacha davantage pour les Mammifères à reconnaître, ce qu'il a
nommé des termes correspondants entre les séries
d'espèces appartenant à des types nettement caracté-

risés. Sous l'inspiration de cette pensée, il fit en plus d'une circonstance des observations neuves et intéressantes, mais sa pensée allait beaucoup au delà de la remarque de détails et il crut à la possibilité de donner une juste idée des divisions du Règne animal, par des lignes parallèles où les formes typiques se trouveraient indiquées en correspondance les unes avec les autres. On sent ici l'effort d'un esprit ingénieux, habile à saisir des rapprochements, même lorsqu'on n'admet pas, lorsqu'on ne peut pas admettre l'existence d'un parallélisme régulier dans les modifications des formes typiques d'une classe d'animaux.

L'histoire de la science a été l'une des grandes préoccupations d'Isidore Geoffroy. Il se plaisait à contempler le progrès des lumières à travers les siècles. Dans son amour de la vérité et de la justice, il s'appliqua à faire ressortir la valeur des écrits, la portée des vues de quelques-uns de nos grands naturalistes. La rectification des appréciations inexactes, des jugements erronés, portés sur leurs travaux, était pour lui une tâche qu'il s'imposait. Aussi, est-ce avec l'accent d'une conviction profonde et du plus noble sentiment d'équité, qu'après son père, il montra en termes éloquents l'injustice commise à l'égard de Buffon, par ceux qui niaient en lui la science véritable et la haute raison du philosophe. Par la magnificence de son style, Buffon avait agi sur la foule d'une façon si puissante que ses contemporains même les plus envieux pouvaient à peine se refuser à le placer au nombre des grands écrivains. Cette concession faite, le savant avait été déprécié autant qu'il était possible, et sous ce rapport plus d'un appréciateur était allé loin. Il est douloureux à la généralité des hommes de reconnaître une supériorité chez un contemporain; alors, si d'un côté un avantage est trop évident à tous les yeux pour être contestable, on imagine aussitôt une faiblesse capable de diminuer la valeur de l'avantage.

Buffon n'avait pas échappé à la règle ordinaire. L'importance de ses travaux zoologiques n'a été vraiment reconnue que depuis une époque assez récente. Au jugement définitif de notre grand naturaliste du dix-huitième siècle, Étienne et Isidore Geoffroy ont eu une part qui mérite de ne point être oubliée.

Dans des études sur les classifications zoologiques de Linné et de Cuvier, Isidore Geoffroy nous a laissé encore quelques belles pages. On y trouve des appréciations délicates, qui mériteraient toujours d'être méditées, même si l'on estimait un peu large la part que l'auteur attribue à Linné dans la détermination des affinités naturelles des animaux, un peu trop diminuée l'importance qu'il accorde à la classification du Règne animal de Cuvier.

Lorsqu'on arrête sa pensée sur l'œuvre scientifique d'Étienne Geoffroy Saint-Hilaire, le fait saillant entre tous et l'idée la plus saisissante apparaissent dans les efforts tentés pour la démonstration d'une unité de plan commun aux différents animaux. C'est en effet par sa persistance vers ce but, que le célèbre zoologiste a exercé une influence qui restera pour lui une véritable gloire. La direction imprimée aux études sur la conformation des animaux par les travaux d'Étienne Geoffroy Saint-Hilaire a produit les résultats les plus féconds. Que des exagérations, que des centaines d'erreurs dans l'application de ses vues, puissent à juste titre être reprochées à l'illustre naturaliste, peu importe encore, si la voie tracée a été le chemin pour arriver à faire mieux comprendre la nature des ressemblances et des dissemblances qui existent entre les êtres animés.

Isidore Geoffroy voyait dans les idées émises par son père sur l'unité de composition organique, la marque du génie comme les vues les plus hautes, les plus philosophiques qui puissent diriger les naturalistes dans leurs recherches. Il s'en exagérait peut-être même la portée, fort considérable en réalité; mais lorsqu'en historien, il veut s'occuper de cette question, la droiture de son caractère, sa pensée constante de faire luire la vérité, le poussa à recueillir dans les écrits de tous les auteurs précédents les indices constatés, les aperçus déjà formulés, touchant les analogies des différents types du Règne animal.

Après la mort de son père, Isidore Geoffroy juge qu'il a un grand devoir à remplir : écrire l'histoire de la vie et des travaux de ce père vénéré. Lui

seul en possédait la pensée intime. Le livre desti-
né à faire connaître cette vie et ces travaux, écrit
avec une sorte d'enthousiasme, est un parfait ré-
sumé des doctrines d'Étienne Geoffroy Saint-Hilaire, et c'est à ce livre qu'il faut recourir pour en
saisir l'ensemble.

Isidore Geoffroy Saint-Hilaire, profondément attaché à la science pour elle-même, avait conçu néan-
moins la noble ambition de faire servir la science
au bien-être général, à l'accroissement de la richesse
du pays. Ces paroles de Buffon : « J'imagine que ces
« animaux (les alpacas et les lamas) seraient une
« excellente acquisition pour l'Europe, spéciale-
« ment pour les Alpes et les Pyrénées, et produi-
« raient plus de bien-être que le métal du nouveau
« monde; » le succès obtenu par Daubenton, dans
l'introduction en France du mérinos, succès qui per-
mit au collaborateur de Buffon de prendre, en 1793,
le titre de *berger* récompensé par un certificat de ci-
visme, étaient des souvenirs toujours présents à l'esprit d'Isidore Geoffroy Saint-Hilaire. L'indication
donnée par Buffon, les tentatives heureuses de Daubenton, lui montraient une voie où le savant pouvait
peut-être rendre un immense service, non-seulement
à son pays, mais encore à tous les peuples civilisés.

Peu à peu, son idée s'arrêta davantage sur ce sujet,
sa préoccupation devint constante. Il avait com-
mencé par signaler quelques faits, par jeter quelques
aperçus ; plus tard il songea à appeler de ce côté

l'attention du gouvernement, et en 1849, il adressa au Ministre de l'agriculture un rapport contenant une lumineuse exposition des avantages que l'on obtiendrait sans doute, par l'introduction et l'acclimatation en France de plusieurs espèces d'animaux. Ce rapport fut beaucoup lu ; il fut même admiré dans sa forme et dans son esprit, mais là se bornèrent les succès immédiats de l'auteur.

Plusieurs années s'écoulèrent, et Isidore Geoffroy Saint-Hilaire avait peut-être presque renoncé à ses espérances, lorsqu'une circonstance fortuite vint les ranimer et les exciter au plus haut degré. Dans une réunion chez M. le comte d'Espréménil, la conversation était venue à rouler sur les avantages de l'introduction de certains animaux étrangers offrant des qualités particulières. On avait parlé des efforts tentés inutilement, de l'impossibilité où l'on se trouvait de faire le bien, de l'indifférence que l'on rencontrait autour de soi. L'idée de constituer une vaste association capable de grandes entreprises vint alors à surgir.

Ce fut un sentiment de triomphe pour Isidore Geoffroy. En Angleterre, toutes les fois qu'une œuvre se présente avec l'apparence d'être utile aux intérêts du pays ou seulement de nature à lui faire honneur, les favoris de la fortune s'empressent d'y apporter leur concours ; en France, l'indifférence règne en général.

Isidore Geoffroy Saint-Hilaire allait avoir le pri-

vilége de gagner a une cause les indifférents, les ri-
ches propriétaires, et de les associer à ses tentatives.
C'est à ce premier succès que l'on doit de posséder
aujourd'hui une suite d'écrits pleins d'intérêt sur les
animaux les plus aptes à être naturalisés, ainsi que
les *Lettres* sur les substances alimentaires (et parti-
culièrement sur la viande de cheval), dont la lecture
est des plus attrayantes.

Nous avons considéré dans M. Isidore Geoffroy
Saint-Hilaire le caractère de ses travaux, comme la
part qu'il a prise au perfectionnement et au progrès
de la zoologie ; il faut le voir encore dans le développement rapide de son importance personnelle.
La vie du savant auquel toutes les satisfactions, toutes
les félicités étaient réservées, fut cruellement attris-
tée dans ses dernières années ; cette vie fut tranchée
avant l'heure.

Pendant longtemps, tout avait souri à cette existence. Dans son enfance, Isidore Geoffroy n'aper-
çoit que le bonheur au sein de sa famille. Déjà il
éprouve la joie d'avoir à recueillir l'héritage d'un
nom célèbre, d'être le fils d'un homme éminent
dont il se croit appelé à continuer l'œuvre. La science
lui apparaît comme l'objet auquel doivent être consacrées toutes ses forces, toutes les facultés de son
intelligence. « Chacun, a-t-il écrit un jour, puise ses
devoirs dans sa situation, et les miens étaient nettement tracés par la mienne. A moi moins qu'à tout
autre, il eût été permis de délaisser l'histoire na-

turelle générale; l'exemple de mon père et le culte de ses travaux ne m'appelaient pas moins de ce côté que mes propres prédilections. »

A l'âge de 19 ans, il commence la carrière scientifique qu'il poursuivra avec distinction et sans doute avec délices, car la fortune semble attachée à ses pas. Dans la plus heureuse situation imaginable pour s'adonner avec fruit aux études zoologiques, ses premiers travaux lui attirent de suite l'estime du monde savant.

Le grand ouvrage sur l'Égypte, publié avec une magnificence digne de l'entreprise qui en avait été l'origine, était resté incomplet par diverses causes. Son achèvement décidé par le gouvernement, Isidore Geoffroy reçut à l'âge de 22 ans l'insigne honneur de coopérer à la rédaction de l'ouvrage dont le vainqueur des Pyramides avait voulu faire un splendide monument.

Deux ans plus tard, le jeune Geoffroy Saint-Hilaire montait dans la chaire du Muséum occupée par son père, et son début révélait à un auditoire charmé de son exposition méthodique et de sa parole élégante, un habile professeur.

En 1833, la mort de Latreille, le clairvoyant naturaliste qui le premier appliqua à la zoologie les principes de la méthode naturelle, laisse une place vacante à l'Académie des sciences.

Isidore Geoffroy n'a que 27 ans; mais ses travaux scientifiques sont déjà considérables, et une branche nouvelle de la physiologie, la tératologie vient de se produire comme étant presque sa création. Il voit pour lui s'ouvrir les portes de l'Institut, que bien d'autres d'un mérite éminent n'ont pu franchir que tardivement.

Les circonstances lui étaient propices, car même, sans le nom de son père comme une auréole à son front, les titres scientifiques qu'il s'était acquis par ses seuls efforts suffisaient à lui mériter bien des suffrages.

En 1838, il est nommé professeur de zoologie et doyen de la Faculté des sciences de Bordeaux; c'était encore un honneur, car le jeune membre de l'Institut, suppléant d'Étienne Geoffroy Saint-Hilaire au Muséum et à la Sorbonne, chargé d'organiser l'enseignement supérieur dans une grande ville de France, ne pouvait longtemps résider loin de la capitale.

En 1840 nous le voyons dans l'Université, inspecteur de l'Académie de Paris et chargé des fonctions d'inspecteur général. L'année suivante, son père dont la santé s'était fort altérée se démet de sa place de professeur au Muséum. Désigné par ses études spéciales sur les Mammifères et les Oiseaux, comme par sa suppléance, Isidore Geoffroy est appelé à lui succéder. Bientôt après, il devient inspecteur général des études, puis conseiller ordinaire de l'Université, et en 1848, on le nomme membre de la haute commission des études.

Les devoirs imposés par les fonctions d'inspecteur général de l'Université l'obligeaient chaque année à interrompre ses travaux pendant plusieurs mois, et il en ressentait un vif chagrin. Ce motif le détermina, en 1850, à solliciter en échange la chaire de la Faculté des sciences que la mort de de Blainville venait de laisser vacante. Il obtint cette nouvelle position, et put dès ce moment se partager d'une manière tout à fait exclusive entre son enseignement et ses travaux scientifiques. C'était le terme de son ambition. Mais il devait recueillir encore des avantages propres à lui réjouir le cœur. Comme président de la Société d'acclimatation, il eut la fortune inespérée de grouper autour de lui une foule d'hommes du monde, distingués, mais étrangers aux sciences. Il les avait séduits avec l'idée de rendre un service signalé à leur pays; il les avait entraînés surtout par l'art consommé qu'il déployait en décrivant les mœurs, les instincts, les aptitudes des animaux les plus remarquables disséminés à la surface de la terre. La réputation d'Isidore Geoffroy s'étendit ainsi avec une étonnante rapidité. Le président de la Société d'acclimatation eut lieu d'espérer d'immenses résultats dus à son initiative, quand les plus hauts personnages de l'étranger et même des souverains, lui offraient leur concours et témoignaient de leur plus haute estime pour l'entreprise dont il était le chef éclairé.

Le fils de l'illustre auteur de la *Philosophie ana-*

*tomique* avait donc trouvé dans sa carrière d'homme de science toutes les satisfactions imaginables. Son bonheur était complet.

En 1830, il avait épousé une belle jeune fille, pleine de grâce et de suave distinction. Elle n'était pas de ce monde où l'élévation de l'esprit semble d'ordinaire avoir autant de prix que les biens capables de procurer toutes les jouissances matérielles. Mais comme la fleur qui s'incline vers le jour où elle s'épanouira sous l'aspect le plus favorable, la jeune fille avait senti son âme attirée par le rayonnement de l'intelligence. Isidore Geoffroy eut une compagne qui fut le ravissant ornement de son foyer. Il ne pouvait manquer d'en ressentir cette fierté douce au cœur qui est sans doute l'un des plus grands charmes de la vie. Mais pendant le triomphe qu'il obtenait dans l'Europe entière, par ses tentatives d'acclimatation, sa plus grande félicité lui fut arrachée. La tristesse s'empara alors de son âme qui n'avait pas été accoutumée à recevoir des chocs douloureux, et la douleur ébranla bien vite une organisation qui n'était pas vigoureusement constituée.

Isidore Geoffroy sut garder dans son affliction l'apparente sérénité d'esprit qui lui était habituelle; il continua ses travaux, entretint ses nombreuses relations avec une ardeur presque fébrile. Ceux qui le voyaient si maître de lui-même et toujours si animé à la poursuite de son œuvre, pensaient que la douleur en lui s'était calmée , tandis qu'elle était seulement refoulée.

En s'attachant avec toute l'énergie imaginable à atteindre le but de la Société d'acclimatation, il tenait avec une persistance égale à étendre ses travaux sur la science pure. Très-sensible sans doute à l'accueil que recevaient ses enseignements sur les animaux étrangers dont il était désirable de voir tenter la domestication en France, il comprenait que si l'homme de science s'élève encore en rendant des services à l'agriculture et à l'industrie, c'est à la condition de ne pas déserter le champ des études sérieuses. Il est souvent assez facile, avec de l'activité et en s'attribuant un mérite personnel, d'obtenir une éphémère popularité, si l'on fait luire à tous les yeux des espérances de bien-être général et de jouissances matérielles qui peuvent à certains moments séduire la multitude. Isidore Geoffroy n'aurait voulu à aucun prix se trouver satisfait d'un pareil avantage. Pour ce caractère toujours digne, le progrès et la grandeur de la science devaient être l'objet d'une incessante préoccupation. Si, dans sa première jeunesse, Isidore Geoffroy avait été exercé aux investigations anatomiques et physiologiques, avec toutes les qualités brillantes de son esprit, il se serait certainement placé au rang des plus grands naturalistes. Malgré une lacune regrettable, il sut faire des travaux d'un ordre élevé, et il aurait plus largement donné la mesure de son importance, si quelques années d'existence encore lui avaient été accordées. Il s'occupa jusqu'à son dernier jour de la rédaction d'une *Histoire générale des Règnes organiques*, qu'il ne lui a pas été donné de conduire à son terme. Les premiers volumes ont paru sans produire une vive sensation. Écrits cependant avec élégance et d'une lecture attachante, les savants sont demeurés froids en présence de ces pages consacrées à des questions historiques, à des définitions précises. C'est une marque du temps. Dans le livre scientifique, on regarde aujourd'hui avant tout si l'auteur apporte des faits nouveaux, des découvertes. Lorsqu'on lit l'*Histoire générale des Règnes organiques*, on sent l'intérêt s'accroître dans les derniers chapitres, on commence à apercevoir clairement le but de l'auteur ; on voit alors dans les premiers chapitres une introduction à un vaste ouvrage où toutes les questions de la zoologie, telle qu'elle est faite aujourd'hui, devaient être traitées avec un soin scrupuleux, et l'on se prend à regretter profondément qu'une œuvre aussi capitale n'ait pu recevoir qu'un commencement d'exécution.

On était arrivé à la fin de l'été de l'année 1861, et rien ne semblait encore faire pressentir une fin prochaine pour M. Isidore Geoffroy. Il faisait des projets pour l'avenir. Alors directeur du Muséum d'histoire naturelle, il pensait, pour le moment où il serait déchargé de cette fonction temporaire, à aller visiter l'Égypte, dont il avait entendu parler à toutes les heures de sa vie. Soudain, un affaiblissement se manifesta chez lui au retour d'une petite excursion. On ne reconnut pas d'abord les symptômes d'une maladie grave ; mais bientôt l'inquiétude gagna tous ceux qui l'approchaient, et le 10 novembre 1861, Isidore Geoffroy Saint-Hilaire, que sa vénérable mère n'avait cessé d'entourer des soins les plus touchants, rendit le dernier soupir dans la chambre même où il avait reçu le jour. Cette vie, qui n'a pas été longue, a été bien remplie. Isidore Geoffroy, par son grand ouvrage sur les anomalies de l'organisme, par ses travaux historiques, par ses recherches et ses expériences sur l'acclimatation des animaux, s'est fait un nom impérissable à côté de celui de son illustre père, et s'est assuré une place considérable parmi les naturalistes du dix-neuvième siècle.

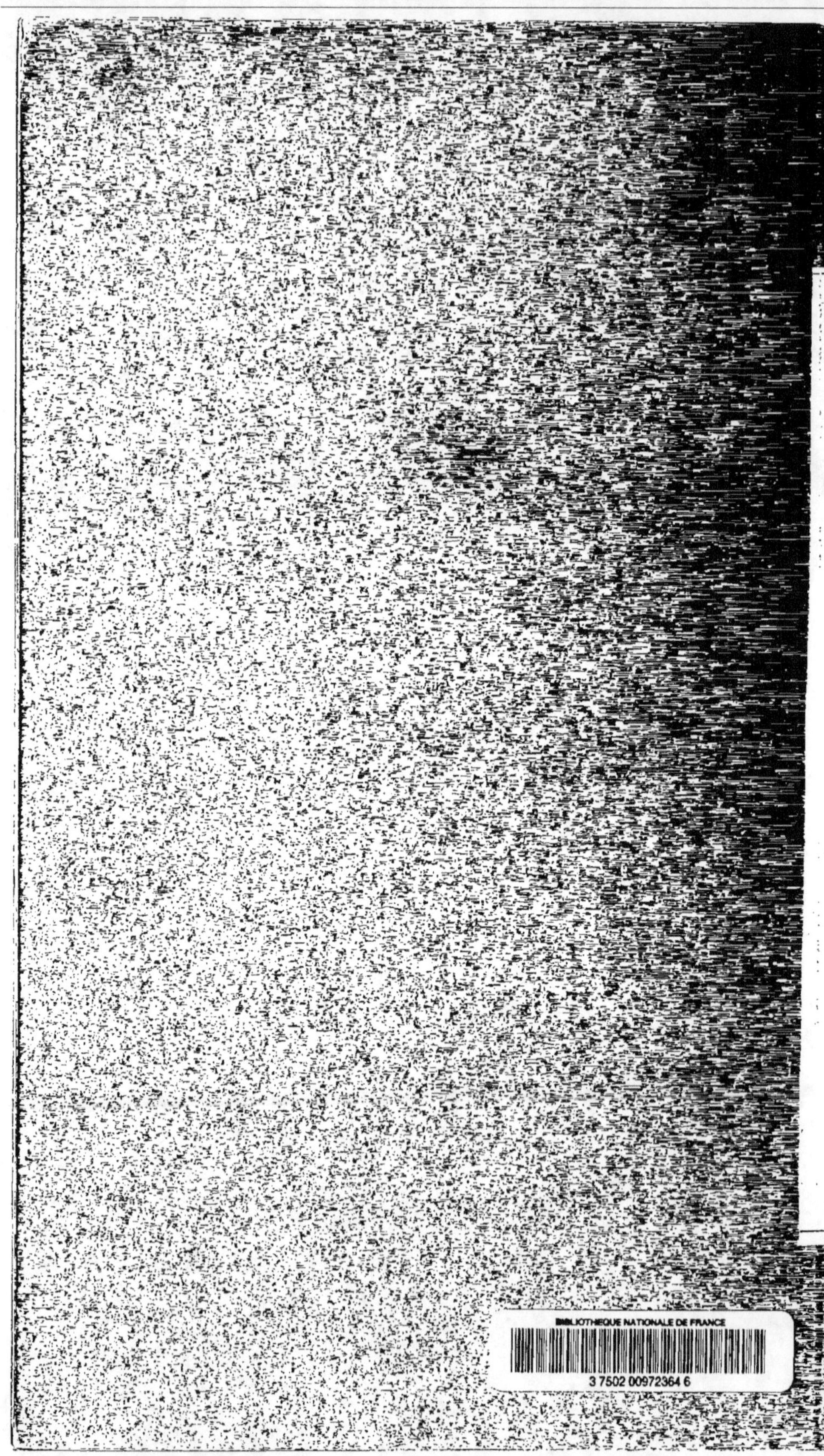